Poemario ganador del Premio Hispanoamericano de Poesía para Niños 2010
El jurado estuvo conformado por Alfonso D'Aquino, Jorge Monteleone y Carmen Villoro

Para Suemi, Citlalli, Meztli y Omar,
que comparten conmigo los azules del agua
R. I. S. C

Distribución mundial

© 2011, Ramón Iván Suárez Caamal, texto
© 2011, Mauricio Gómez Morin, ilustraciones

D. R. © 2011, Fundación para las Letras Mexicanas
Liverpool 16, colonia Juárez
C. P. 06600, México, D. F.
www.flm.mx

D. R. © 2011, Fondo de Cultura Económica
Carretera Picacho Ajusco 227, Bosques
del Pedregal, C. P. 14738, México, D. F.
www.fondodeculturaeconomica.com
Empresa certificada ISO 9001: 2008

Colección dirigida por Eliana Pasarán
Edición: Mariana Mendía
Diseño gráfico: Miguel Venegas Geffroy

Comentarios y sugerencias:
librosparaninos@fondodeculturaeconomica.com
Tel.: (55)5449-1871. Fax: (55)5449-1873

ISBN 978-607-16-0582-5

Primera edición, 2011

Suárez Caamal, Ramón Iván
    Huellas de pájaros / Ramón Iván Suárez Caamal ; ilus.
de Mauricio Gómez Morin. — México : FCE, FLM, 2011
    [36] p. : ilus. ; 24 × 18 cm
    ISBN 978-607-16-0582-5

    1. Literatura infantil I. Gómez Morin, Mauricio, il. II.
Ser. III. t.

LC PZ7   Dewey 808.068 S868h

Se terminó de imprimir en septiembre de 2011
en Impresora y Encuadernadora Progreso, S. A. de C. V.
(IEPSA), calzada San Lorenzo 244, Paraje San Juan,
C. P. 09830, México, D. F.

El tiraje fue de 3000 ejemplares.

Impreso en México • Printed in Mexico

Huellas de pájaros

Poemas de
Ramón Iván Suárez Caamal

Ilustrados por
Mauricio Gómez Morin

f,l,m.
FUNDACIÓN PARA LAS LETRAS MEXICANAS

FONDO
DE CULTURA
ECONÓMICA

Voy
en alas
de la brisa,
bajo la lluvia navego
y aunque soy el timonel, estimo que no es la prisa
la que impulsa las velas de mi intrépido bajel,
porque en olas de tu sonrisa
va mi barco de papel.

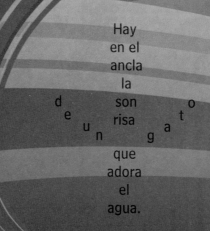

Hay
en el
ancla
la
son
de   risa   o
u   g   a   t
n
que
adora
el
agua.

¿Quién
balancea
este caballo?
Me sujeto con firmeza a la espuma de sus crines;
en la madera de sus huesos crujen los relámpagos.
¡Arre, corcel!, llévame a galope en la bruma
o veloz en la hojarasca de los días ajados.
¡Lluvia y lodo manchen tu blancura!

¿

Un pez
con el anzuelo
en la boca
creo que toca
lo que no es.
Dije no dije:
lágrima o luna;
así que
elige
si es
el
pez
en este
anzuelo
un alebrije
de escarcha y cielo.

Flor de tinta
en el azul satinado
de la mar
y ocho
cintas
de cristal.
Tinta y sal,
si te marchas

al pañuelo de las olas,
al país almidonado
de los barcos de papel,
al olvido de la espuma,
a la noche de tu tinta,
cuando sus versos escribe
a tus profundos ensueños
te podría acompañar.

lluvia   espuma

vapor   sueño

A la ballena,
una montaña o una isla,
la dibujo en mi cuaderno o en el mar
que siempre es mar con dos orillas y ninguna playa.
La ballena que una noche confundimos con la luna llena,
la ballena que no quise que mi lápiz arponeara con mis versos y canciones de piratas
en los libros; la ballena que no puede ningún niño presumir o colgar en su llavero.

o
la
ola
cola

De nube en nube
y agua fresca de cántaros

S
A
L
T
A
N
                    L
                    O
    E   S
    N
        Z   R E L Á
        A   M
        N   P
        C   A
        O   G
        S   O
                              S.

Que no se caiga, que no se rompa
pues canta en su garganta
canto del agua serena
del aljibe, del venero o del pozo, que mi madre trajo.
Lo puso en un rincón de la casa, tal vez el más oscuro,
allí donde se esconden sombras que saltan a la luna redonda.
Dicen que en el vientre frío de la noche anidan todos los miedos.
En este cántaro, los que cantan son ecos y pájaros y una jícara
se mece porque la sed es la señal que nos reúne en una ronda
alrededor de la vasija. Si nos derrumbamos, nuestras
rodillas sangran, pero sanan. No así el vientre de
arcilla que rezuma humedad. Mamá fue cántaro y
cantaba arrullos frescos del manantial oculto
de su ternura. Que no se caiga, que no se
rompa este instante, este cántaro,
este corazón tan frágil.

Con dos cubetas voy:
una   la
con   otra
nada,   con
             prisas.

Con dos cubetas vengo:
una   la
con   otra
agua,   con
             risas...

El
cielo
nunca será
límite a tu vuelo:
subes, subes, subes, subes
hasta alcanzar las nubes.
Frágil pájaro y pez,
dime qué ves,
amigo,
para
que

y
o
v
a
y
a
c
o
n
t
i
g
o
.
.
.

Son admirables las hormigas que sobre la soga del tendedero hacen equilibrios sin bicicleta....

Niágara	Niágara mis pantalones	Niágara de espuma y ola,
mi camisa que el viento	cuando el agua pesa	Niágara de las sábanas
lleva, trae y	tanto, tanto, que	a las que cuelgan de las
seca mientras	moja moja	orejas siempre muchas
resplandece.	largas largas	horas y cuando las olvidan
	piernas piernas	bajo la luna son fantasmas
	flacas flacas.	que van y vienen al compás
		del viento y amanecen las
		pobres otra vez mojadas
		con el llanto de la bruma.

.... Si llega la lluvia y no nos damos cuenta la cascada caerá más fuerte que los regaños.

Copete rojo,
leve bufanda,
de frac oscuro, redondos
ojos y pico pico
de acero duro.

Toc, toc,
toc, toc…
¿Quién vive aquí?
¿La mariposa o el colibrí?
No, aquí habita
doña Termita. Mas
no se asuste por mi visita,
que cuando guste
me voy de aquí.

Pájaro alpino y equilibrista,

tamborilero:
picamadero
del cocotero:
para la fiesta
del bosque,
¿me presta
su sombrero?

—Buen día,
¡qué talante!
Siempre
usted
tan elegante,
aunque raído, señor Espantapájaros.
Sonría,
le traje
ropa nueva
y un sombrero.
—Voy de viaje,
caballero,
llega el frío.
—Ah qué lío
¿Está sordo?
No   Soy
me   el
tar   tor
do.   do.

Puso pasos,
pintó
sombras, manchas
de tinta
en tu cuaderno.

Tal vez el cielo
quiere tardío
que guardemos las huellas
de la eternidad
hoy, ayer, siempre.

Con un carbón
trazó su despedida,
su correr en zancos
por la arena fina
a la espera del viento.

Una bandada
surge de la lluvia
y con su pincel bosqueja la prisa
de quienes se van
para quedarse.

Me cubres   con tu pañuelo
y pones   junto a mí
guijarros.   La llovizna
remienda y   remienda
tu remordimiento.
Por la Y
de tu
resortera,
por su gajo
sin hojas
no puedo
más
cantar…

No tiene tronco
porque se lo tragó la noche. A este árbol lo
sostienen sus pájaros: cien o mil zanates. Es un farol
que cuelga apagado el temblor de sus hojas oscuras.
Polvo de luciérnagas los ojillos entre los gajos, las tijeras
de los picos: tris-tras, tris-tras, tris-tras trozan tristes silencios.
Algarabía de un mercado de frutas o la redonda luna
a punto de rodar en el vocerío de estos niños
alados e hilados que remiendan
nubes y rocío...

Los grillos en la hierba, las cigarras en otros troncos que tampoco existen, inútilmente
quieren hacerse oír. Esta luna del árbol o este árbol de luna ilumina con trinos nuestro
inocente asombro que la sombra de la noche guardó en un frasco transparente.

Bambú
de hojas
tiernas

----

que sabe
y sube
al cielo.

El viento,
el tiempo,
la lluvia

----

son nudos
que nadie
puede atar.

Lo pule
lo dobla
la brisa.

Estas hojas
son peces,
son ojos,

----

los tallos
son colmillos
de elefantes.

Al viento
que nadie
puede atar,

----

al tiempo
que sabe
y sube,

----

a la lluvia
de las hojas
verde tierno

----

los pulen,
los doblan,
los ojos.

En los nudos
ya barritan
los truenos.

Delgados
niños verdes
del bambú,

¿quién pule
los ojos
del tiempo?

¿Quién hojas
de luz quiebra
en los truenos?

El viento
que sabe
y sube,

----

relámpagos
entre rejas,
jade pulido.

Elefantes
que nadie
puede atar

----

ya barritan
sus trompas.
Llueve a cántaros.

Juego del agua y su reflejo en este verde que no sabe si es del agua o del bambú.
La luna que no vemos tiene rostro verde, labios verdes, nubes, carpas.
Un junco de papel deja su rastro de musgo en el cielo.

Naciste
de
una gota
—inmóvil prendedor de laca en los cabellos de la hierba—.
Ayer bendijo Basho en un haikú tus alas.
Trébol de
vidrio,
trébol de cuatro hojas, hábil equilibrista en la cuerda del junco
desde el arco de la irisada flecha de tu vuelo.
Libélula
alazul
alabélula.
Frágil
vitral,
libélula,
libéranos,
porque
cada mañana
nos conmueven
tus espejos
en los que
estamos
vivos.

-0   0-

Ataranta a la tarántula,
con una escoba,
o con la cola de un gato.
atarántala,
atóntala,
despíntala.
nada discreta,

atarántala.

atarántula atarántala
con un zapato
Ataranta a la tarántula,
espántala,
entíntala,
Torpe, coqueta,
la tarántula se va:

De la orilla del charco   al centro de la luna,
    la rana de musgo y lodo salta
            y cae en la hoja del lirio acuático
        a la luz de la noche que duplica
la moneda de plata   en el fondo temblorosa.

    Soy una rana cantora,   lengua de la marimba,
        toco la lluvia con dulce son
            croar croar croar croar croar croar croar
        bajo la luna llena de cuya jícara cae
el agualuz de la música   al estanque sonoro.

Cierra tu mano y mira en ella   la magia de una rana,
abre tu mano y ve la charca donde canta.
Un corazón con hojas tiernas late en tu puño,
la barca del lirio navega en el estanque
de tus sueños que croan   y crean el instante ahora.

El doble abanico de tus alas:
¿de qué corola viene?,
¿quién lo perfuma
con la luz?
Mariposa,
llegas del sueño
que tejió tu libertad
en la paciencia del capullo.

Si las
rojas hormigas
suben por   las laderas,
de su hormiguero   arderán las espigas
que hurtaron de las eras,   y eso no quiero.
Si las negras hormigas   bajan por las laderas
de su hormiguero,   con hojitas de noche
apagarán la lumbre   del sol más fiero.

¡ ¡

Pensé que no podía haber más frágil   criatura entre todas las que existen
sino esta mariposa que en el cáliz   se detuvo lo que vive una flor.
Era el instante perfecto   de la eternidad presente.
Eran las dos hojas   que arranqué feliz
de mi libreta   al aire, al aire.

G O
A T

El gato Garabato

lame leche en el plato
de la luna redonda.
No deja que
se esconda
la rata en el zapato;
para salir buen mozo,
sin duda, en su retrato,
los bigotes se lame.
A las gatitas ronda,
—no es nada timorato—
no hay gata que no ame
con amor insensato.
Les lleva serenata
a las bellas mininas
con un violín
que desafina
bajo la luz de plata
de la luna y su plato que
en un vaivén de ola,
el gato Garabato.

la
co
su
con
le
pu

Va   ca
lu   na
nue   va
te corona.
Mientras rumias
con paciencia
los minutos
de la hierba,
muges.

¡Ay!
pobres
moscas
frente
a la
fus
ta
de
tu
co
la.

En tu lomo hay una garza; los palillos chinos de su pico se abren y cierran con deleite, mientras dejas que las horas pasen en el vuelo de los pájaros. De vacaciones siempre, vaca de vacaciones en la llanura, ojos tristes que nos miran sin que haya una pregunta. Creo a veces, cuando voy a toda prisa, que mi flaca bicicleta es una vaca sin tus manchas, sin lágrimas del prado claras, dulces. Vaca que nunca miras nubes: ¿será que mugen los truenos y la lluvia sabe a pasto?

En el
cielo va
tu luna
compañera.

Y en la
charca
donde
abreva
siempre
tu paciencia.